Toben ist toll.

Ich hänge.

Ich rutsche.

Ich mache einen Handstand.

Wir schlagen Purzelbäume.

Ich klettere.

Ich bin oben.

Wir spielen Fangen.

Papa lässt mich fliegen.

Ich gleite.

Wir balancieren.

Ich springe.

Wir hüpfen.

Wir tollen mit dem Hund.

Toben ist toll.

Wir toben im Sand.